독 | 송 | 본

우리말천수경

칠정례 · 반야심경

KB193826

독 | 송 | 본

조계종 표준

우리말 천수경

칠정례 · 반야심경

대한불교조계종 의례위원회 편역

조계종출판사

추 천 사

....

　불자들은 각종 법회 시 의례를 통해 불보살님을 청해 모시고 찬탄 공경하며 법문을 듣습니다. 또한 기도와 발원으로 일상의 고통을 해소하고 안락한 마음을 지니게 됩니다.

　이러한 불교의례문에는 부처님과 역대 조사들의 주옥 같은 가르침이 담겨 있습니다. 그러나 그 내용이 한문으로 전달되어 한글세대인 현대인들이 듣고 이해하며 동참하기에는 어려움이 많았습니다. 특히 『반야심경』, 『천수경』과 같이 불자들이 가장 많이 지송하는 경전의 경우 그 답답함은 더했습니다. 그나마 우리말 의례문이라 하더라도 사찰마다 사람마다 내용이 달라 조계종도로서의 정체성을 스스로 확인하는 데 어려움이 있었습니다.

　종단은 지난 2009년 의례법을 제정한 이래 의례위원회를 구성하여 불교의례문을 한글화하는 데 주력하고 있습니다. 이러한 노력에 따라 『반야심경』, 『칠정례』, 『천수경』이 종단 표준 우리말 의례문으로 결실을 보게 되었습니다.

　『천수경』을 비롯한 조계종 표준 우리말 의례문이 아름다운 곡조를 타고 불자들에게 널리 독송되었으면 합니다. 그리하여 불보살님의 가피를 입고 업장을 녹이며, 삼매에 들어 지혜를 증득해, 자유롭고 평화로운 행복한 삶을 누리길 기원합니다.

대한불교조계종 총무원장 **자 승**

천수경 독송의 공덕과 가치

···

『천수경』은 불자들이 가장 많이 독송하는 경전입니다. 도량을 청정하게 장엄하는 의식으로, 예불과 각종 불공의식 등에서 빠짐없이 『천수경』을 독송하기도 합니다.
　『천수경』의 주인공은 천수관음보살님입니다. 천수관음보살님은 천 개의 자비로운 눈과 팔로 중생을 감싸 안는다고 했기에 많은 관음보살님 중에서 그 자비의 힘에서는 최고의 능력을 지니고 있습니다.

　『천수경』을 독송함으로 인한 공덕과 가치는 천수관음보살께서 천수다라니를 설한 열 가지 이유에서 잘 드러나고 있습니다. 그 열 가지는 다음과 같습니다.
① 모든 중생들을 안락하게 하고 ② 모든 병을 없애며 ③ 수명을 연장하고 ④ 풍요를 얻게 하며 ⑤ 모든 악업과 중죄를 소멸시키며 ⑥ 모든 장애와 어려움을 제거하고 ⑦ 일체 청정한 법과 모든 법을 증장시키며 ⑧ 모든 착한 일을 성취시키고 ⑨ 모든 두려움을 멀리 떠나게 하며 ⑩ 모든 바라는 바 소망을 성취한다.

　천수다라니를 대비주(大悲呪)라고도 합니다. 대비주는 광대원만하고 자비를 실천하는 데 걸림이 없는 다라니로 불립니다. 수행에도 특별한 공능을 지녀 마음 따라 자재함을 얻는다고 하였습니다. 그래서 천수다라니 기도 수행은 오늘날 많은 사찰에서 행해지고 있습니다.
　끝으로 우리말 의례문이 나오기까지 포교원 포교연구실과 실무위원들의 노고에 감사드립니다.

　『천수경』을 비롯한 우리말 의례문이 널리 독송 되기를 기원합니다.

대한불교조계종 의례위원장 인 묵

칠 정 례

七頂禮 (칠정례)

■ **獻茶偈**
　 헌다게

我今淸淨水　變爲甘露茶
아금청정수　변위감로다
奉獻三寶前　願垂哀納受
봉헌삼보전　원수애납수 (3편)

■ **五分香偈**
　 오분향게

戒香　定香　慧香　解脫香　解脫知見香
계향　정향　혜향　해탈향　해탈지견향
光明雲臺　周遍法界　供養十方　無量佛法僧
광명운대　주변법계　공양시방　무량불법승

獻香眞言
헌향진언

종단 표준의례 '우리말 칠정례(七頂禮)'

■ 헌다게(獻茶偈, 차 올리는 게송)

저희 이제 청정수를 감로다삼아 삼보님전 올리오니

자비로 받으소서. (큰절)

자비로 받으소서. (큰절)

대자비로 받으옵소서. (큰절)

■ 오분향게(五分香偈, 향 올리는 게송)

계향 정향 혜향 해탈향 해탈지견향,

광명구름 두루하여 시방세계 한량없는

삼보님전 공양합니다.

헌향진언(獻香眞言, 향 올리는 진언)

옴 바아라 도비야 훔 (3편)

至心歸命禮　三界導師　四生慈父　是我本師
지심귀명례　삼계도사　사생자부　시아본사
釋迦牟尼佛
석가모니불

至心歸命禮　十方三世　帝網刹海　常住一切
지심귀명례　시방삼세　제망찰해　상주일체
佛陀耶衆
불타야중

至心歸命禮　十方三世　帝網刹海　常住一切
지심귀명례　시방삼세　제망찰해　상주일체
達摩耶衆
달마야중

至心歸命禮　大智文殊師利菩薩　大行普賢菩薩
지심귀명례　대지문수사리보살　대행보현보살
大悲觀世音菩薩　大願本尊
대비관세음보살　대원본존
地藏菩薩摩訶薩
지장보살마하살

옴 바아라 도비야 훔   옴 바아라 도비야 훔

옴 바아라 도비야 훔(저두례)

지극한 마음으로,

온 세계 스승이며 모든 중생 어버이신

석가모니 부처님께 절하옵니다.

지극한 마음으로,

온 세계 항상 계신 거룩하신 부처님께 절하옵니다.

지극한 마음으로,

온 세계 항상 계신 거룩하신 가르침에 절하옵니다.

지극한 마음으로,

대지문수사리보살 대행보현보살 대비관세음보살

대원본존 지장보살님께 절하옵니다.

至心歸命禮 靈山當時 受佛付囑 十大弟子
지심귀명례 영산당시 수불부촉 십대제자
　　　　十六聖 五百聖 獨修聖 乃至
　　　　십육성 오백성 독수성 내지
　　　　千二百 諸大阿羅漢 無量慈悲聖衆
　　　　천이백 제대아라한 무량자비성중

至心歸命禮 西乾東震 及我海東 歷代傳燈
지심귀명례 서건동진 급아해동 역대전등
　　　　諸大祖師 天下宗師 一切微塵數
　　　　제대조사 천하종사 일체미진수
　　　　諸大善知識
　　　　제대선지식

至心歸命禮 十方三世 帝網刹海 常住一切
지심귀명례 시방삼세 제망찰해 상주일체
　　　　僧伽耶衆
　　　　승가야중

唯願 無盡三寶 大慈大悲 受我頂禮 冥熏加被力
유원 무진삼보 대자대비 수아정례 명훈가피력
願共法界諸衆生 自他一時成佛道
원공법계제중생 자타일시성불도 (저두례)

지극한 마음으로,

부처님께 부촉받은 십대제자 십육성 오백성

독수성 내지 천이백 아라한께 절하옵니다

지극한 마음으로,

불법 전한 역대조사 천하종사 한량없는

선지식께 절하옵니다.

지극한 마음으로,

온 세계 항상 계신 거룩하신 스님들께

절하옵니다.

다함없는 삼보시여, 저희 예경 받으시고,

가피력을 내리시어, 법계중생 모두 함께

성불 하여지이다. (저두례)

반야심경

般若心經 (반야심경)

摩訶般若波羅蜜多心經
마하반야바라밀다심경

觀自在菩薩 行深般若波羅蜜多時
관자재보살 행심반야바라밀다시

照見五蘊皆空 度一切苦厄
조견오온개공 도일체고액

舍利子 色不異空 空不異色
사리자 색불이공 공불이색

色卽是空 空卽是色 受想行識 亦復如是
색즉시공 공즉시색 수상행식 역부여시

舍利子 是諸法空相 不生不滅
사리자 시제법공상 불생불멸

不垢不淨 不增不減
불구부정 부증불감

是故 空中無色 無受想行識
시고 공중무색 무수상행식

종단 표준의례 '우리말 반야심경(般若心經)'

마하반야바라밀다심경

관자재보살이 깊은 반야바라밀다를 행할 때,

오온이 공한 것을 비추어 보고 온갖 고통에서

건너느니라.

사리자여! 색이 공과 다르지 않고 공이 색과

다르지 않으며,

색이 곧 공이요 공이 곧 색이니, 수 상 행 식도

그러하니라.

사리자여! 모든 법은 공하여 나지도 멸하지도 않으며,

더럽지도 깨끗하지도 않으며, 늘지도 줄지도 않느니라.

그러므로 공 가운데는 색이 없고 수 상 행 식도 없으며,

無眼耳鼻舌身意
무안이비설신의

無色聲香味觸法
무색성향미촉법

無眼界 乃至 無意識界
무안계 내지 무의식계

無無明 亦無無明盡
무무명 역무무명진

乃至 無老死 亦無老死盡
내지 무노사 역무노사진

無苦集滅道 無智亦無得
무고집멸도 무지역무득

以無所得故 菩提薩埵 依般若波羅蜜多故
이무소득고 보리살타 의반야바라밀다고

心無罣碍 無罣碍故 無有恐怖
심무가애 무가애고 무유공포

안 이 비 설 신 의도 없고,

색 성 향 미 촉 법도 없으며,

눈의 경계도 의식의 경계까지도 없고,

무명도 무명이 다함까지도 없으며,

늙고 죽음도 늙고 죽음이 다함까지도 없고,

고 집 멸 도도 없으며, 지혜도 얻음도 없느니라.

얻을 것이 없는 까닭에 보살은 반야바라밀다를

의지하므로

마음에 걸림이 없고 걸림이 없으므로

두려움이 없어서,

遠離顚倒夢想　究竟涅槃
원리전도몽상　구경열반

三世諸佛　依般若波羅蜜多故
삼세제불　의반야바라밀다고

得阿耨多羅三藐三菩提
득아눗다라삼먁삼보리

故知　般若波羅蜜多　是大神呪
고지　반야바라밀다　시대신주

是大明呪　是無上呪　是無等等呪
시대명주　시무상주　시무등등주

能除一切苦　眞實不虛
능제일체고　진실불허

故說般若波羅蜜多呪　卽說呪曰
고설반야바라밀다주　즉설주왈

揭諦揭諦　婆羅揭諦　婆羅僧揭諦　菩提　娑婆訶
아제아제　바라아제　바라승아제　모지　사바하 (3편)

뒤바뀐 헛된 생각을 멀리 떠나 완전한 열반에

들어가며,

삼세의 모든 부처님도 반야바라밀다를 의지하므로

최상의 깨달음을 얻느니라.

반야바라밀다는 가장 신비하고 밝은 주문이며

위없는 주문이며

무엇과도 견줄 수 없는 주문이니,

온갖 괴로움을 없애고 진실하여 허망하지 않음을

알지니라.

이제 반야바라밀다주를 말하리라.

아제아제 바라아제 바라승아제 모지 사바하 (3편)

천 수 경

千手經 (천수경)

淨口業眞言
정구업진언

수리수리 마하수리 수수리 사바하 (3편)

五方內外安慰諸神眞言
오방내외안위제신진언

나무 사만다 못다남 옴 도로 도로 지미 사바하 (3편)

開經偈
개경게

無上甚深微妙法	百千萬劫難遭遇
무상심심미묘법	백천만겁난조우

我今聞見得受持	願解如來眞實意
아금문견득수지	원해여래진실의

종단 표준의례 '천수경(千手經)'

정구업진언(淨口業眞言, 구업을 청정케 하는 진언)

수리수리 마하수리 수수리 사바하 (3편)

오방내외안위제신진언(五方內外安慰諸神眞言, 오방내외 신중을 편안하게 모시는 진언)

나무 사만다 못다남 옴 도로 도로 지미 사바하 (3편)

개경게(開經偈, 경전을 펴는 게송)

위없이~ 심히깊은 미묘한법을

백천만겁 지난들~ 어찌만나리

제가이제 보고듣고 받아지니니

부처님의 진실한뜻 알아지이다.

開法藏眞言
개법장진언

옴 아라남 아라다 (3편)

千手千眼 觀自在菩薩 廣大圓滿
천수천안 관자재보살 광대원만
無碍大悲心大陀羅尼 啓請
무애대비심대다라니 계청

稽首觀音大悲主
계수관음대비주
願力弘深相好身
원력홍심상호신
千臂莊嚴普護持
천비장엄보호지
千眼光明遍觀照
천안광명변관조
眞實語中宣密語
진실어중선밀어
無爲心內起悲心
무위심내기비심
速令滿足諸希求
속령만족제희구

개법장진언(開法藏眞言, 법장을 여는 진언)

옴 아라남 아라다 (3편)

천수천안 관음보살 광대하고 원만하며

걸림없는 대비심의 다라니를 청하옵니다.

자비로운 관세음께 절하옵나니

크신원력 원만상호 갖추시옵고

천손으로 중생들을 거두시오며

천눈으로 광명비춰 두루살피네.

진실하온 말씀중에 다라니펴고

함이없는 마음중에 자비심내어

온갖소원 지체없이 이뤄주시고

永使滅除諸罪業
영사멸제제죄업
天龍衆聖同慈護
천룡중성동자호
百千三昧頓熏修
백천삼매돈훈수
受持身是光明幢
수지신시광명당
受持心是神通藏
수지심시신통장
洗滌塵勞願濟海
세척진로원제해
超證菩提方便門
초증보리방편문
我今稱誦誓歸依
아금칭송서귀의
所願從心悉圓滿
소원종심실원만
南無大悲觀世音
나무대비관세음
願我速知一切法
원아속지일체법

모든죄업 길이길이 없애주시네.

천룡들과 성현들이 옹호하시고
백천삼매 한순간에 이루어지니
이다라니 지닌몸은 광명당이요
이다라니 지닌마음 신통장이라

모든번뇌 씻어내고 고해를건너
보리도의 방편문을 얻게되오며
제가이제 지송하고 귀의하오니
온갖소원 마음따라 이뤄지이다.

자비하신 관세음께 귀의하오니
일체법을 어서속히 알아지이다.

南無大悲觀世音
나무대비관세음
願我早得智慧眼
원아조득지혜안
南無大悲觀世音
나무대비관세음
願我速度一切衆
원아속도일체중
南無大悲觀世音
나무대비관세음
願我早得善方便
원아조득선방편
南無大悲觀世音
나무대비관세음
願我速乘般若船
원아속승반야선
南無大悲觀世音
나무대비관세음
願我早得越苦海
원아조득월고해
南無大悲觀世音
나무대비관세음
願我速得戒定道
원아속득계정도

자비하신 관세음께 귀의하오니

지혜의눈 어서어서 얻어지이다.

자비하신 관세음께 귀의하오니

모든중생 어서속히 건네지이다.

자비하신 관세음께 귀의하오니

좋은방편 어서어서 얻어지이다.

자비하신 관세음께 귀의하오니

지혜의배 어서속히 올라지이다.

자비하신 관세음께 귀의하오니

고통바다 어서어서 건너지이다.

자비하신 관세음께 귀의하오니

계정혜를 어서속히 얻어지이다.

南無大悲觀世音
나무대비관세음
願我早登圓寂山
원아조등원적산
南無大悲觀世音
나무대비관세음
願我速會無爲舍
원아속회무위사
南無大悲觀世音
나무대비관세음
願我早同法性身
원아조동법성신

我若向刀山　刀山自摧折
아약향도산　도산자최절
我若向火湯　火湯自消滅
아약향화탕　화탕자소멸
我若向地獄　地獄自枯竭
아약향지옥　지옥자고갈
我若向餓鬼　餓鬼自飽滿
아약향아귀　아귀자포만
我若向修羅　惡心自調伏
아약향수라　악심자조복
我若向畜生　自得大智慧
아약향축생　자득대지혜

자비하신 관세음께 귀의하오니

열반언덕 어서어서 올라지이다.

자비하신 관세음께 귀의하오니

무위집에 어서속히 들어지이다.

자비하신 관세음께 귀의하오니

진리의몸 어서어서 이뤄지이다.

칼산지옥 제가가면 칼산절로 꺾여지고

화탕지옥 제가가면 화탕절로 사라지며

지옥세계 제가가면 지옥절로 없어지고

아귀세계 제가가면 아귀절로 배부르며

수라세계 제가가면 악한마음 선해지고

축생세계 제가가면 지혜절로 얻어지이다.

南無觀世音菩薩摩訶薩
나무관세음보살마하살
南無大勢至菩薩摩訶薩
나무대세지보살마하살
南無千手菩薩摩訶薩
나무천수보살마하살
南無如意輪菩薩摩訶薩
나무여의륜보살마하살
南無大輪菩薩摩訶薩
나무대륜보살마하살
南無觀自在菩薩摩訶薩
나무관자재보살마하살
南無正趣菩薩摩訶薩
나무정취보살마하살
南無滿月菩薩摩訶薩
나무만월보살마하살
南無水月菩薩摩訶薩
나무수월보살마하살
南無軍茶利菩薩摩訶薩
나무군다리보살마하살
南無十一面菩薩摩訶薩
나무십일면보살마하살
南無諸大菩薩摩訶薩
나무제대보살마하살
南無本師阿彌陀佛
나무본사아미타불 (3편)

나무 관세음보살마하살

나무 대세지보살마하살

나무 천수보살마하살

나무 여의륜보살마하살

나무 대륜보살마하살

나무 관자재보살마하살

나무 정취보살마하살

나무 만월보살마하살

나무 수월보살마하살

나무 군다리보살마하살

나무 십일면보살마하살

나무 제대보살마하살

나무 본사아미타불 (3편)

신묘장구 대다라니(神妙章句 大陀羅尼, 신묘한 대다라니)

"우리말 천수경 신묘장구 대다라니와 같습니다."

신묘장구 대다라니(神妙章句 大陀羅尼, 신묘한 대다라니)

나모 라다나 다라야야 나막알약 바로기제 새바
라야 모지사다바야 마하사다바야 마하가로 니
가야 옴 살바 바예수 다라나 가라야 다사명 나
막 까리다바 이맘알야 바로기제 새바라 다바
니라간타 나막하리나야 마발다 이사미 살발타
사다남 수반아예염 살바보다남 바바마라 미수
다감 다냐타 옴 아로계 아로가 마지로가 지가
란제 혜혜하례 마하모지 사다바 사마라 사마
라 하리나야 구로구로 갈마 사다야 사다야 도
로도로 미연제 마하미연제 다라다라 다린 나
례 새바라 자라자라 마라미마라 아마라 몰제
예혜혜 로계새바라 라아 미사미 나사야 나베
사미사미 나사야 모하자라 미사미 나사야 호
로호로 마라호로 하례 바나마나바 사라사라
시리시리 소로소로 못쟈못쟈 모다야 모다야 매
다리야 니라간타 가마사 날사남 바라하라나야
마낙 사바하 싯다야 사바하 마하싯다야 사바

"우리말 천수경 신묘장구 대다라니와 같습니다."

四方讚
사방찬

一灑東方潔道場
일쇄동방결도량
二灑南方得淸凉
이쇄남방득청량
三灑西方俱淨土
삼쇄서방구정토
四灑北方永安康
사쇄북방영안강

하 싯다유예 새바라야 사바하 니라간타야 사바
하 바라하 목카싱하 목카야 사바하 바나마 하
따야 사바하 자가라 욕다야 사바하 상카섭나네
모다나야 사바하 마하라 구타다라야 사바하 바
마사간타 이사시체다 가릿나 이나야 사바하 먀
가라 잘마니바 사나야 사바하 나모라 다나다
라 야야 나막알야 바로기제 새바라야 사바하

사방찬(四方讚, 사방을 깨끗이 하는 찬)—독송은 하지 않음.

동방에~ 물뿌리니 도량이맑고

남방에~ 물뿌리니 청량얻으며

서방에~ 물뿌리니 정토이루고

북방에~ 물뿌리니 평안해지네.

道場讚
도 량 찬

道場淸淨無瑕穢
도 량 청 정 무 하 예
三寶天龍降此地
삼 보 천 용 강 차 지
我今持誦妙眞言
아 금 지 송 묘 진 언
願賜慈悲密加護
원 사 자 비 밀 가 호

懺悔偈
참 회 게

我昔所造諸惡業
아 석 소 조 제 악 업
皆由無始貪瞋癡
개 유 무 시 탐 진 치
從身口意之所生
종 신 구 의 지 소 생
一切我今皆懺悔
일 체 아 금 개 참 회

도량찬(道場讚, 청정한 도량의 찬)—독송은 하지 않음.

온도량이 청정하여 티끌없으니

삼보천룡 이도량에 강림하시네

제가이제 묘한진언 외우옵나니

대자대비 베푸시어 가호하소서.

참회게(懺悔偈, 죄업을 뉘우치는 게송)—독송은 하지 않음.

지난세월 제가지은 모든악업은

옛적부터 탐진치로 말미암아서

몸과말과 생각으로 지었사오니

제가이제 모든죄업 참회합니다.

懺除業障十二尊佛
참제업장십이존불

南無懺除業障寶勝藏佛
나무참제업장보승장불
寶光王火燄照佛
보광왕화염조불
一切香華自在力王佛
일체향화자재력왕불
百億恒河沙決定佛
백억항하사결정불
振威德佛
진위덕불
金綱堅强消伏壞散佛
금강견강소복괴산불
寶光月殿妙音尊王佛
보광월전묘음존왕불
歡喜藏摩尼寶積佛
환희장마니보적불
無盡香勝王佛
무진향승왕불
獅子月佛
사자월불

참제업장십이존불(懺除業障十二尊佛, 열두 부처님을 칭명하여, 듣게 되면 업장이 소멸되는 가지참회법)−독송은 하지 않음.

나무 참제업장 보승장불

보광왕 화염조불

일체향화 자재력왕불

백억항하사 결정불

진위덕불

금강견강 소복괴산불

보광월전 묘음존왕불

환희장마니 보적불

무진향 승왕불

사자월불

歡喜莊嚴珠王佛
환희장엄주왕불
帝寶幢摩尼勝光佛
제보당마니승광불

十惡懺悔
십악참회

殺生重罪今日懺悔
살생중죄금일참회
偸盜重罪今日懺悔
투도중죄금일참회
邪淫重罪今日懺悔
사음중죄금일참회
妄語重罪今日懺悔
망어중죄금일참회
綺語重罪今日懺悔
기어중죄금일참회
兩舌重罪今日懺悔
양설중죄금일참회
惡口重罪今日懺悔
악구중죄금일참회

환희장엄 주왕불

제보당마니 승광불

십악참회(十惡懺悔, 열 가지 악업을 참회함)—독송은 하지 않음.

살생으로 지은죄업 참회합니다.

도둑질로 지은죄업 참회합니다.

사음으로 지은죄업 참회합니다.

거짓말로 지은죄업 참회합니다.

꾸민말로 지은죄업 참회합니다.

이간질로 지은죄업 참회합니다.

악한말로 지은죄업 참회합니다.

貪愛重罪今日懺悔
탐애중죄금일참회
瞋恚重罪今日懺悔
진에중죄금일참회
癡暗重罪今日懺悔
치암중죄금일참회

百劫積集罪　一念頓蕩除
백겁적집죄　일념돈탕제
如火焚枯草　滅盡無有餘
여화분고초　멸진무유여
罪無自性從心起
죄무자성종심기
心若滅時罪亦亡
심약멸시죄역망
罪亡心滅兩俱空
죄망심멸양구공
是則名爲眞懺悔
시즉명위진참회

懺悔眞言
참회진언

옴 살바 못자모지 사다야 사바하 (3편)

탐욕으로 지은죄업 참회합니다.

성냄으로 지은죄업 참회합니다.

어리석어 지은죄업 참회합니다.

오랜세월 쌓인죄업 한생각에 없어지니

마른풀이 타버리듯 남김없이 사라지네.

죄의자성 본래없어 마음따라 일어나니

마음이~ 사라지면 죄도함께 없어지네.

모든죄가 없어지고 마음조차 사라져서

죄와마음 공해지면 진실한~ 참회라네

참회진언(懺悔眞言, 죄업을 뉘우치는 진언)

옴 살바 못자모지 사다야 사바하 (3편)

准提讚
준제찬

准提功德聚
준제공덕취
寂靜心常誦
적정심상송
一切諸大難
일체제대난
無能侵是人
무능침시인
天上及人間
천상급인간
受福如佛等
수복여불등
遇此如意珠
우차여의주
定獲無等等
정획무등등

南無七俱胝佛母大准提菩薩
나무칠구지불모대준제보살 (3편)

준제찬(准提讃, 준제주의 찬)-독송은 하지 않음.

준제주는 모든공덕 보고이어라

고요한~ 마음으로 항상외우면

이세상~ 온갖재난 침범못하리

하늘이나 사람이나 모든중생이

부처님과 다름없는 복을받으니

이와같은 여의주를 지니는이는

결정코~ 최상의법 이루오리라.

나무 칠구지불모대준제보살 (3편)

淨法界眞言
정법계진언

옴 람 (3편)

護身眞言
호신진언

옴 치림 (3편)

觀世音菩薩 本心微妙 六字大明王眞言
관세음보살 본심미묘 육자대명왕진언

옴 마니 반메 훔 (3편)

准提眞言
준제진언

나모 사다남 삼먁삼못다 구치남 다냐타
옴 자례 주례 준제 사바하 부림 (3편)

정법계진언(淨法界眞言, 법계를 맑게 하는 진언)

옴 람 (3편)

호신진언(護身眞言, 몸을 보호하는 진언)

옴 치림 (3편)

관세음보살 본심미묘 육자대명왕진언(觀世音菩薩
本心微妙 六字大明王眞言, 관세음보살님의 본마음을
보여주는 미묘한 육자대명왕진언)

옴 마니 반메 훔 (3편)

준제진언(准提眞言)

나무 사다남 삼먁삼못다 구치남 다냐타
옴 자례주례 준제 사바하 부림 (3편)

准提發願
준제발원

我今持誦大准提
아금지송대준제
即發菩提廣大願
즉발보리광대원
願我定慧速圓明
원아정혜속원명
願我功德皆成就
원아공덕개성취
願我勝福遍莊嚴
원아승복변장엄
願共衆生成佛道
원공중생성불도

如來十大發願文
여래십대발원문

願我永離三惡道
원아영리삼악도
願我速斷貪瞋癡
원아속단탐진치

준제발원(准提發願, 준제보살 발원)—독송은 하지 않음.

제가이제 준제주를 지송하오니

보리심을 발하오며 큰원세우고

선정지혜 어서속히 밝아지오며

모든공덕 남김없이 성취하옵고

수승한복 두루두루 장엄하오며

모든중생 깨달음을 이뤄지이다.

여래십대발원문(如來十大發願文, 부처님께 발하는 열 가지 원)

원하오니 삼악도를 길이여의고

탐진치~ 삼독심을 속히끊으며

願我常聞佛法僧
원아상문불법승
願我勤修戒定慧
원아근수계정혜
願我恒隨諸佛學
원아항수제불학
願我不退菩提心
원아불퇴보리심
願我決定生安養
원아결정생안양
願我速見阿彌陀
원아속견아미타
願我分身遍塵刹
원아분신변진찰
願我廣度諸衆生
원아광도제중생

發四弘誓願
발사홍서원

衆生無邊誓願度
중생무변서원도
煩惱無盡誓願斷
번뇌무진서원단

56

불법승~ 삼보이름 항상들고서

계정혜~ 삼학도를 힘써닦으며

부처님을 따라서~ 항상배우고

원컨대~ 보리심에 항상머물며

결정코~ 극락세계 가서태어나

아미타~ 부처님을 친견하옵고

온세계~ 모든국토 몸을나투어

모든중생 빠짐없이 건져지이다.

발사홍서원(發四弘誓願, 네 가지 큰 서원)

가없는~ 중생을~ 건지오리다.

끝없는~ 번뇌를~ 끊으오리다.

法門無量誓願學
법문무량서원학
佛道無上誓願成
불도무상서원성
自性衆生誓願度
자성중생서원도
自性煩惱誓願斷
자성번뇌서원단
自性法門誓願學
자성법문서원학
自性佛道誓願成
자성불도서원성

發願已 歸命禮三寶
발원이 귀명례삼보

南無常住十方佛
나무상주시방불
南無常住十方法
나무상주시방법
南無常住十方僧
나무상주시방승

한없는~ 법문을~ 배우오리다.

위없는~ 불도를~ 이루오리다.

자성의~ 중생을~ 건지오리다.

자성의~ 번뇌를~ 끊으오리다.

자성의~ 법문을~ 배우오리다.

자성의~ 불도를~ 이루오리다.

제가 이제 삼보님께 귀명합니다.

시방세계 부처님께 귀명합니다.

시방세계 가르침에 귀명합니다.

시방세계 스님들께 귀명합니다.

방 함 록

··

대한불교조계종

종　　　정	진 제 법 원
원로회의장	밀 운
총 무 원 장	자 승
중앙종회의장	향 적
호 계 원 장	일 면
교 육 원 장	현 응
포 교 원 장	지 원

대한불교조계종 의례위원회

위원장	인 묵
당연직	총무부장 정 만
	불학연구소장 혜 명
	포교연구실장 법 상
위촉직	화 암
	동 주
	지 홍
	지 현
	법 안

의례위원회 실무위원	법 경, 정 오, 미 등, 태 경, 혜 일
	이윤석, 이성운, 박상률, 윤소희, 고명석

조계종 표준

우리말 천수경 (독송본)

초판 1쇄 펴냄 2015년 5월 22일
초판 9쇄 펴냄 2019년 8월 30일
2판 11쇄 펴냄 2024년 11월 28일

편   역 대한불교조계종 의례위원회
펴 낸 이 원명
펴 낸 곳 (주)조계종출판사

출판등록 제2007-000078호(2007. 4. 27)
주   소 서울시 종로구 삼봉로 81 두산위브파빌리온 1308호
전   화 (02)720-6107
팩   스 (02)733-6708
구입문의 불교전문서점 향전 (02)2031-2070 / www.jbbook.co.kr

© 대한불교조계종 의례위원회, 2014

ISBN 979-11-5580-132-1 03220

스님들이 자주 찾는 법보시 도서 베스트

■ 조계종 표준 금강반야바라밀경

독송본 6,000원   주석본 10,000원

사경본(한글/사철제본)   사경본(한문/사철제본)
8,000원   8,000원

포켓본 6,000원

■ 조계종 표준 우리말 천수경

독송본(칠정례,   사경본(사철제본)
반야심경) 5,000원   8,000원

■ 조계종 표준 우리말 반야심경

사경본(사철제본)
8,000원

■ 우리말 아미타경   ■ 신묘장구대 다라니

사경본(사철제본)   사경본(사철제본)
8,000원   7,500원

우리 시대 대강백 무비스님 저서 시리즈

- 무비 스님의 **예불문**
  120쪽 | 값 11,000원
- 무비 스님의 **반야심경**
  160쪽 | 값 9,000원
- 무비 스님의 **천수경**
  176쪽 | 값 12,000원
- 무비 스님의 **신심명 강의**
  232쪽 | 값 12,000원
- 무비 스님의 **발심수행장 강의**
  128쪽 | 값 10,000원

- 무비 스님의 **초발심자경문 강설**
  328쪽 | 값 13,800원
- 무비 스님의 **전심법요 강설**
  408쪽 | 값 18,000원
- 무비 스님의 **삼대 선시 특강**
  400쪽 | 값 18,000원
- 무비 스님의 **증도가 강의**
  400쪽 | 값 20,000원